100 praktische tips voor het huis van hoog-sensitieve personen in 20 dagen
door Alain de Raymond

Aan iedereen die me heeft geholpen bij het schrijven van dit boek - mijn ouders in het bijzonder.

Inhoudstafel

Introductie: het huis van de HSP in 100 tips 9

1. Wat je nu kan doen 11

2. Wat je later vandaag kan doen 13

3. Wat je vanavond kan doen 17

4. Wat te doen voor naar bed te gaan 23

5. Wat je morgenochtend kan doen 25

6. Wat je morgenavond kan doen 27

7. Wat je volgend weekend kan doen 29

8. Wat je kan doen tijdens de week 35

9. Wat je het weekend erna kan doen 41

10. Wat je in de tweede week kan doen 45

11. Wat je erna kan doen 49

Bonus deel 1: Hoe je huis kiezen 53

Bonus deel 2: Kinderen in huis 57

Bonus deel 3: interessante links 61

Het laatste woord - over de auteur 63

Introductie: het huis van de HSP in 100 tips

Het leven van een hoogsensitief persoon (HSP) is moeilijk in te beelden voor mensen die niet hoogsensitief zijn. Het geluid van een vogeltje horen terwijl iedereen aan het praten is. De zin om zich terug te trekken na een lange vergadering. Zich anti-sociaal voelen terwijl men toch wel houdt van diepgaande gesprekken. **Het leven van een HSP is anders**.

Een belangrijk punt voor een HSP is om zich goed te voelen in het eigen huis. Het eigen huis is waar je de meeste tijd doorbrengt. Als je geen goed evenwicht vindt in je eigen nest, waar zal je het dan wel vinden?

Er zijn al veel boeken geschreven over hooggevoeligheid - of hoogsensitiviteit. De meeste boeken behandelen relaties en hulp om zichzelf te aanvaarden. In dit boek ligt de focus op **praktische tips** en niet op relaties of zelfaanvaarding. Het doel is om concrete, praktische adviezen te vinden die jouw leven als hooggevoelige gemakkelijker maken, zodat de kwaliteit van jouw leven toeneemt.

Veel HSPs hebben gemeenschappelijke trekken, maar **elke HSP is anders**. Sommigen zijn introvert, anderen extravert. Sommigen schrijven boeken, anderen kunnen niet met de auto rijden en hoogsensitieve kinderen hebben een specifieke aanpak nodig. Selecteer dus die tips die jou helpen.

Laten we dus **100 tips** zien voor jouw huis. We beginnen met wat je nu kan doen. Daarna zien we tips voor de rest van de dag, gevolgd door tips die je kan toepassen in de volgende dagen, weken en maanden. We concentreren ons op de eerste 20 dagen. Op het einde van dit boek vind je interessante links plus nog een aantal extra tips voor een huis te kiezen en hoe met kinderen te wonen.

Hier zijn twee links om mee te beginnen:

-Volg mijn online cursus (in het Engels) hoe te leren leven met hoogsensitiviteit. Op het werk, op vakantie en nog veel meer.[1]

-Als Adam Smith de vader van heel wat economische theorieën is, dan is **Dr Elaine Aron** de moeder van de studies over hooggevoeligheid. Doe haar test en vind heel wat tips op haar website.[2]

Klaar? Dan beginnen we meteen!

Alain

---

[1] Korting op udemy.com/highly-sensitive-persons-how-to-deal-with-your-sensitivity/?couponCode=BOOK-CODE23

[2] In het Engels: hsperson.com

1. Wat je nu kan doen

Wat kan je op dit moment doen, terwijl je dit boek aan het lezen bent?

Tip 1: Neem een fles water en **drink**. Water is één van de beste dranken op de markt. Later kan je opzoeken hoeveel liter je exact moet drinken naargelang je leeftijd, je gewicht en je lengte. Of vraag het gewoon bij het volgende bezoek aan de huisarts. Water drinken heeft ook een positief psychologisch effect volgens sommige psychologen.

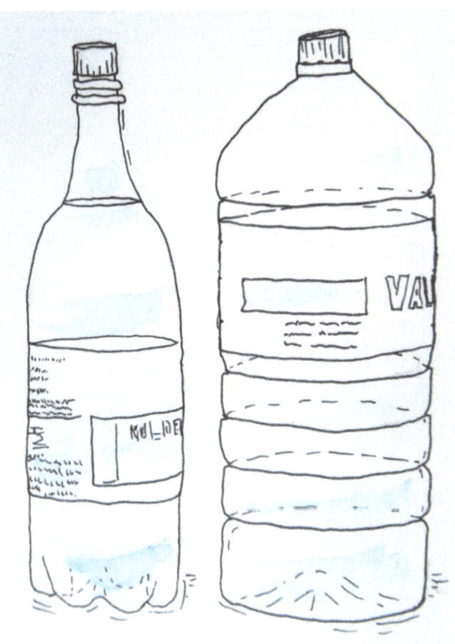

Tip 2: Luister je naar muziek terwijl je aan het lezen bent? Super, want muziek kan een kalmerend effect hebben. Maak een paar lijsten die je kan afspelen volgens jouw humeur. Maak er één voor na het werk, om je volgende werkdag mee te beëindigen.

Tip 3: Een goed alternatief voor achtergrondmuziek is om **'wit ruis'** klaar te hebben. Bijvoorbeeld het geluid van regendruppels. Of pianomuziek. Of het geluid van de golven in de zee. Dit wit geruis is sterker dan de kleine geluiden die HSPs horen, en zal een rustgevend effect hebben. Als geluiden je vaak storen, aarzel niet om oordopjes in te doen. Of anderen te vragen om stiller te zijn.

Tip 4: Hoe warm is het in de ruimte waar je zit? En in de andere kamers in jouw huis? HSPs zijn gevoelig voor temperatuursveranderingen. Zorg ervoor dat de **temperatuur consistent** is in de ruimtes waar je de meeste tijd doorbrengt. Draag ook kleren naargelang het weer.

Tip 5: Hoe is de kamer waar je nu in zit? Goed **opgeruimd**? Als dat niet het geval is, ruim op. HSPs merken snel op als er iets niet op zijn plaats is. Veel rommel zorgt ook voor visueel ruis, wat vermoeiend kan zijn. Ruim dus jouw kleren op in hun kast, waar ze horen.

Overdrijf wel niet. Een huis kan niet altijd perfect in orde zijn. Vooral als je kinderen hebt. Hen leren hoe op te ruimen (ja, dat is niet simpel) is een werk van lange adem. Een ruim-op-liedje kan helpen.

2. Wat je later vandaag kan doen

Nu dat je kamer wat opgeruimd is, en misschien nog een paar andere kamers opgeruimd zijn, is het tijd om verder te doen. Neem een pauze als het nodig is. Maar laten we een belangrijke ruimte niet overslaan…

Tip 6: HSPs zijn gemakkelijk overprikkeld. Waar ga je als je overprikkeld bent? Eén van de beste plekken om te schuilen is… het **wc**. Er zijn overal wc's, dus vraag er gewoon naar waar je maar bent. Niemand zal je vragen stellen, en je kan er zo lang blijven als je wil.

Tip 7: Heb je jouw telefoon bij de hand? Hou je van de **beltoon**? Als dat niet het geval is, verander het in iets aangenamers. Of iets geleidelijk. Of misschien zelfs helemaal niets, met enkel de trilfunctie aan? Zo hoef je hem niet meer uit te schakelen. En ook niet te schrikken wanneer iemand je opbelt.

Tip 8: Heb je ook een vaste telefoon? Plaats hem in een **rustig hoekje**. Sommige HSPs hebben moeite om zich te focussen op de stem van de beller als er achtergrondgeruis is. Wacht even voor op te nemen zodat je je volledig op het telefoontje kan concentreren.

Tip 9: Als er iemand anders in je buurt aan het bellen is, neem **afstand**. Iemand die aan het bellen is moeten horen, kan irritant zijn. Ook als ze spelletjes spelen op hun telefoon. Of een bericht sturen met een 'beep' elke keer ze een letter intikken.

Tip 10: Check eens je computer voor te gaan eten. En je smartphone, als je er één hebt. Elektronische apparaten geven normaal veel stimuli. Bijvoorbeeld geluid en vibraties. Die prikkels begrenzen, net als geuren, is een dagelijkse opdracht voor HSPs. **Begrens dus je tijd** aan de computer en aan je smartphone.

Tip 11: Natuurlijk is 'begrens je tijd' gemakkelijker gezegd dan gedaan. Maar het internet kan hier een handje helpen. Bijvoorbeeld via apps om je tijd op **sociale media** te begrenzen. Urenlang de maaltijden van jouw vrienden aanschouwen zal er niet meer bij zijn. Twee voorbeelden van apps: SelfControl en Cold Turkey.[3]

Tip 12: Verbreek de verbinding. Of verbind je niet. Neem de tijd om ook jouw aantal vrienden te begrenzen, de groepen die je niet meer volgt. Hetzelfde geldt voor jouw **abonnementen op emails**. Als je de vorige 10 niet hebt gelezen, lees je de volgende ook niet.

---

[3] Die apps kan je downloaden op selfcontrolapp.com en getcoldturkey.com.

Tip 13: **Typ langzamer** op jouw toetsenbord. HSPs hebben de neiging om perfectionisten te zijn. En dus om zo snel mogelijk te typen. Dat is het tegenovergestelde van wat HSPs moeten doen. Langzamer typen zal je ontspannen.

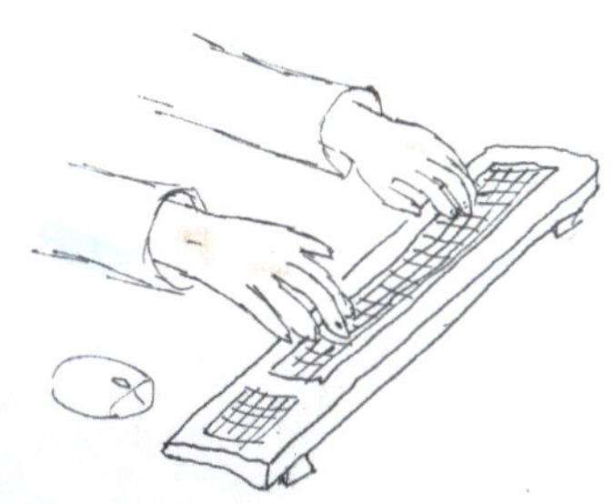

Tip 14: Is het al donker? Noch jouw computer, noch jouw smartphone weten het. Zelfs al hebben ze een ingebouwde klok. Hun **schermen** passen zich dan ook niet aan. Wat wil zeggen dat je jouw ogen 's avonds onnodig zal vermoeien. Gelukkig is er hiervoor een app.[4] Die zal het licht van jouw smartphone en jouw computer aanpassen.

Tip 15: Veel websites hebben **reclame**. Velen onder hen zijn veel te luid en hebben veel te felle kleuren. Wat HSPs dus best vermijden. Installeer de app AdBlock[5] om dit te vermijden.

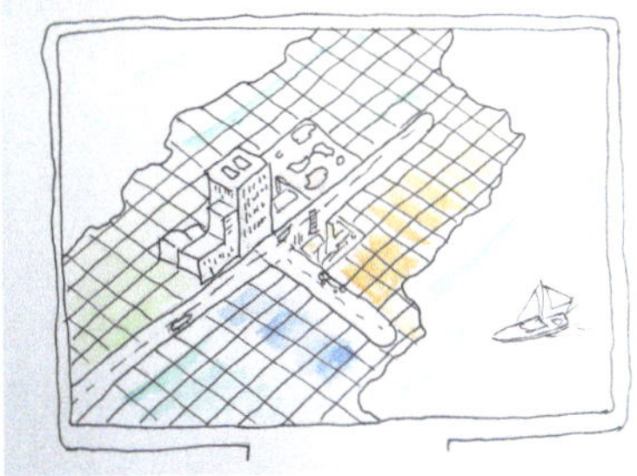

Tip 16: Speel je **games** op jouw computer? Speel die games die gemaakt zijn voor HSPs. Zoek bijvoorbeeld spelletjes waar je steden kan bouwen, of strategieën kan uitdenken. Best geen bloeddorstige schietpartijen met halfdode wezens.

---

4 Download de gratis app op justgetflux.com.

5 Download de gratis app op getadblock.com.

Laten we zien hoe je jouw avond nog aangenamer kan maken in het volgende hoofdstuk…

3. Wat je vanavond kan doen

Tijd om je maaltijd voor te bereiden. En hier is een eerste goede raad.

Tip 17: Wie is de kok in huis? Is het een familielid? Of de lokale pizzeria? Het best **kook je zelf**. Of help ten minste mee. Jij kent jouw lichaam het best. Pas op met ingrediënten en specerijen waar je gevoelig voor bent. En als je niet kookt, laat jouw gevoeligheden weten aan de kok.

Tip 18: Gebruik je **reukzin** terwijl je aan het koken bent. Veel HSPs hebben een sterk ontwikkelde reukzin. Dat kan een voordeel zijn. Jij zal de eerste zijn om te ruiken dat er iets aan het aanbranden is. Of als er iets aan het rotten is.

Tip19: Met anderen eten kan overweldigend zijn. Schakel de televisie en de **radio uit** tijdens het eten om overlast te vermijden.

Tip 20: Eet je hete soep of een koud ijsje? Pas op met de **temperatuur** van jouw eten. Als je weet dat je hoofdpijn krijgt van te koud eten, wacht tot het wat warmer wordt.

Tip 21: Een goede manier om de maaltijd te beëindigen is door **thee** te drinken. Zelfs als je eventjes moet wachten tot hij afgekoeld is. Thee met fijne kruiden drinken is een zeer goed idee. Vermijd te donkere of te sterke thee. En suiker. Gebruik honing in plaats van suiker, het is gezonder.

Tip 22: Geïnformeerd zijn is belangrijk, daarom kijken we naar het nieuws. Voor de HSPs, is het belangrijk om het **nieuws te selecteren**. Lees niet te veel slecht of populair nieuws. Slecht en populair nieuws verkoopt, maar is niet goed voor HSPs.

HSPs zijn vooral **gevoelig voor slecht nieuws**. In de pre-historie, moesten HSPs de gevaren in de omgeving detecteren. Zoals een gevaarlijke mammoet. Of een hongerige sabeltandtijger. Of een vijandige troep, die het op de proviand gemunt hadden. HSPs letten dus vaker op negatieve prikkels. Maar ze hebben ook meer empathie. Empathie voelen voor onbekenden in het laatste nieuwsdrama vermijd je best. Het is hun probleem, hoe hard het ook klinkt.

Tip 23: Geen slecht nieuws betekent niet dat je je niet mag informeren. Abonneer je op magazines, **serieuze kranten** en kijk naar documentaires als je het wil. Een goed devies: hoe populairder en commerciëler, hoe slechter voor HSPs.

Tip 24: Hou je van **cinema**? Vermijd te gewelddadige films en thrillers, die volgepakt zijn met onnodige prikkels. Zo vermijd je ook empathie voor mensen die je nog nooit bent tegengekomen. Als je toch iets spannends wil zien, kijk er 's middags naar. Maar niet net voor naar bed te gaan.

Tip 25: Nu we toch over **televisie** bezig zijn: schakel ze niet aan om zomaar iets te zien. Zoek eerst op wat je wil zien. Anders riskeer je te kijken naar commerciële shows, drukke talkshows, verschillende zendervolumes en irritante reclamefilmpjes. Als je achtergrondmuziek wil, bekijk de tips van het eerste hoofdstuk.

Tip 26: Wat kun je doen zonder televisie? **Gezelschapsspelen** zijn een interessante optie. Kies de spelen die je alleen kan spelen, zoals een puzzle. Als je met anderen speelt, kies strategische spelletjes zoals

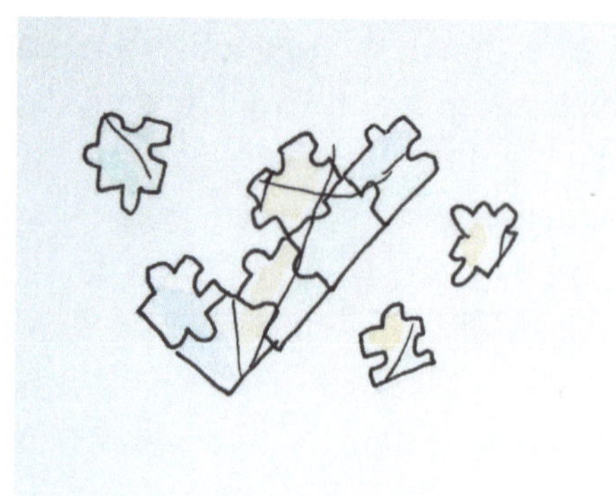

het schaakspel. Speel met iemand die genoeg geduld heeft.

Als je met meer dan drie bent, kan je in **duo's of trio's** spelen. Meerdere personen die je onder druk zetten om snelle beslissingen te nemen terwijl ze naar jou kijken, kan overweldigend zijn voor HSPs. Wat 's

avonds zeker geen goed idee is.

Tip 27: Een laatste tip voor naar bed te gaan: vermijd **pla-fondlampen**. Zeker de lampen die intens zijn, zoals neon-lampen. Neem een tafellamp mee naar het werk als het nodig is. Of vraag naar een plaats waar er veel natuurlijk licht is.

4. Wat te doen voor naar bed te gaan

Tijd om naar bed te gaan. En voor HSPs is het niet zo een-voudig om te slapen. Je kan jouw slaap verbeteren met de volgende tips.

Tip 28: Vind een **routine** een uur of twee voor te gaan sla-pen. Vermijd te veel prikkels. Luister bijvoorbeeld niet naar death metal muziek net voor naar bed te gaan.

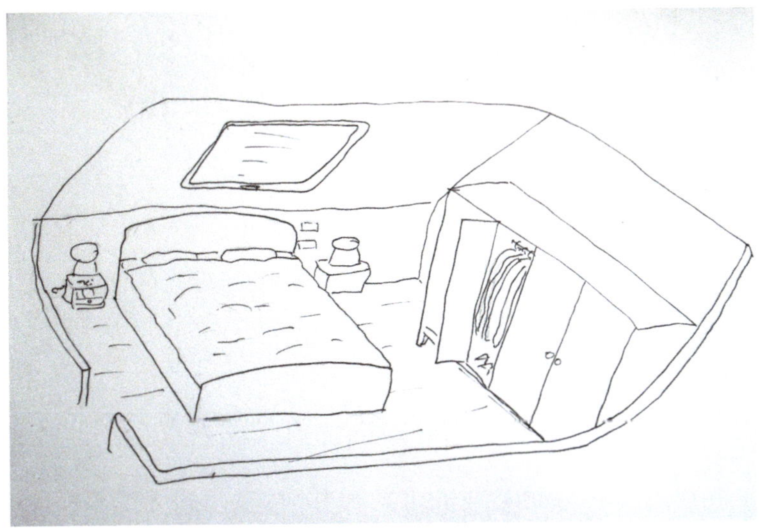

Tip 29: Een goede manier om jezelf en je lichaam voor te bereiden op de aankomende nacht, is door een **douche** te nemen. Of een bad. Het is ook een manier om jouw li-chaam te respecteren. En de verbinding met jezelf terug te vinden als je je te veel hebt geforceerd. Neem de tijd. Het geluid van de douche kan je ontspannen.

Tip 30: Een andere optie is om een **dagboek** bij te houden. Dit kan je kalmeren, plus jouw gedachten verbinden met je lichaam. Rusteloze gedachtengangen kunnen hier eindelijk rust vinden.

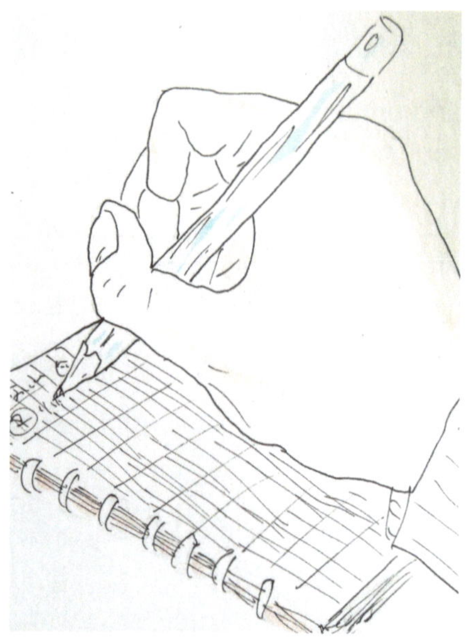

Tip 31: Wat ook mogelijk is, zijn **massages** geven of nemen. Focus op jouw lichaam of dat van jouw partner. Je kan jezelf ook massages geven overdag. En je kan ook een massagecursus volgen in de buurt.

Tip 32: **Slaap in een bed**. Slaap niet in de zetel. Die is niet gemaakt voor te slapen. Zorg er ook voor dat jouw matras aangenaam is voor jou.

Tip 33: Voor te gaan slapen, controleer eens je **wekker**. Is hij luid? Vervang hem door een exemplaar met een aangename toon.

Tip 34: **Slaap genoeg**. HSPs hebben meer nood aan slaap om te recupereren van de prikkels die ze krijgen overdag. Te korte nachten kunnen een slechte invloed hebben op jouw humeur en jouw concentratie. Als anderen opscheppen over hun korte nachten, doe ze vooral niet na!

Slaap zacht!

5. Wat je morgenochtend kan doen

Tip 35: Goed geslapen? **Dromen** gehad? Nachtmerries? HSPs kunnen zich beter hun dromen herinneren dan niet-HSPs. En ja, soms zijn ze heel bizar. Als je ze niet graag hebt, schrijf ze op als je wakker bent. Of geef ze een positief einde.

Tip 36: Veel licht in jouw slaapkamer? **Natuurlijk licht is het best**. Zelfs als je de rust van de nacht graag hebt, mag je niet vergeten om van het daglicht te profiteren. Niet genoeg daglicht kan je immuunsysteem verzwakken en je minder weerbaar maken voor bepaalde ziektes zoals depressies.

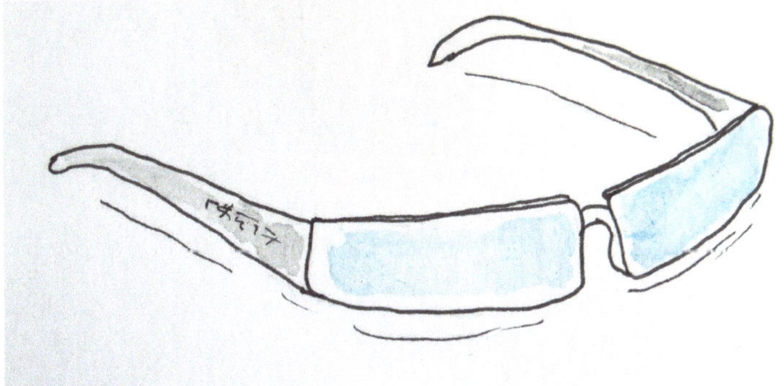

Tip 37: Zoek ook het daglicht buiten op. Als je de keuze hebt tussen een rit in een donkere metro en een wandeling in een park, weet je wat te doen. Vergeet ook je **zonnebrillen** niet. Die kan je ook binnen dragen als het licht te fel is. Een hoed is ook buiten een goed idee.

Tip 38: Voor het slapen kan je een routine ontwikkelen. Je kan hetzelfde doen na jouw nachtrust. Word 10 à 20 minuten vroeger wakker, zodat je langzaam kan overgaan naar jouw activiteiten van die dag. Een kamer opruimen is een goede **routine**.

Tip 39: Voor naar het werk te gaan, bereid je best je **middagmaal** voor in een doos. Als het mooi is, kan je buiten eten. Ofwel kan je ook in jouw auto eten. Als je er één hebt.

Breng ook een paar **gezonde tussendoortjes**. Altijd handig. Sommige HSPs kunnen zich niet concentreren met een lege maag. Noch zich gedragen. Beter voorkomen dan genezen dus.

En nu naar het werk. We zien elkaar terug vanavond.

6. Wat je morgenavond kan doen

Terug van het werk? Tijd om verder na te denken over jouw huis. Omdat we in een vorig hoofdstuk al gezien hebben wat je 's avonds kan doen, gaan we focussen op een ander aspect: online shoppen.

Tip 40: Online shoppen heeft heel wat voordelen voor HSPs. Geen prikkelfestival in de supermarkt, handig. Niemand die naar jou kijkt. Geen lastige verkopers. Shop je wel eens in de Ikea? Veel mensen, geen uitgang, kunstlicht: de horrorwinkel voor HSPs. Dat kan je online allemaal vermijden. Shop wel enkel op **betrouwbare websites**.

Tip 41: Eerste item op de lijst: een **lamp om wakker te worden**. Het werkt zoals een wekker, maar is gewoon stukken aangenamer. Het licht van de lamp wordt langzaamaan intenser, waardoor je niet opeens wakker wordt.

Tip 42: Nummer twee: een **geluidloos horloge**. Tenzij het getik je kalmeert. Als het op je zenuwen werkt, is het tijd om jouw horloge te vervangen.

Tip 43: Het derde artikel op jouw boodschappenlijst: een mooie **deurbel**. Heb je een deurbel die verschrikkelijke geluiden maakt? Tijd om die te vervangen. Tegenwoordig kan je deurbellen kopen die je kan personaliseren. Als iemand aanbelt, kan jouw favoriete liedje weerklinken. Kies wel een geluid dat anders is dan de andere geluiden bij jou thuis. Anders zullen mensen blijven wachten aan je deur, als je de bel niet gehoord hebt.

Tip 44: Nummer vier: **menstruatiecups**. Tenzij je een man bent, want dan heb je zulke cups niet nodig. Deze cups zijn veel gezonder dan andere chemische producten, en bovendien herbruikbaar en minder duur.

Tip 45: Een vijfde interessant product is de **asbak**. Rook kan enorm storend zijn voor HSPs. Koop daarom preventief een asbak en plaats hem buiten op het terras. Zo kan u rokende bezoekers ernaar verwijzen. Rookt u zelf? Beter mee stoppen. De asbak buiten zetten kan een eerste stap zijn.

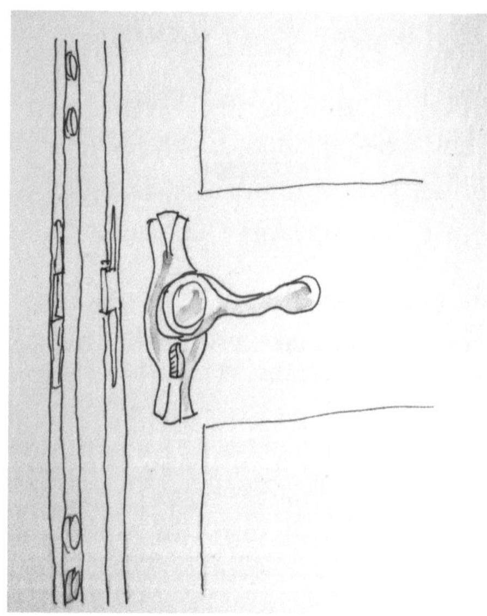

Tip 46: Een laatste artikel dat jouw leven kan verbeteren: **dempers voor deuren**. Schrik je van deuren die dichtslaan? Vind je waggelende deuren irritant? Koop dan geluidsdempers voor je deuren. Dat zijn kleine kussentjes die je aan de binnenkant van je deur kleeft, en zo het geluid dempen. Alvast goedkoper dan nieuwe deuren kopen.

Tip 47: Een laatste idee. Welke producten heb je niet meer nodig? Veel mensen hebben producten in huis die ze eigenlijk niet meer gebruiken. Je kan ze wegschenken, maar ook verkopen op websites voor **tweedehandsproducten** zoals eBay. Bijvoorbeeld, als je geen tv meer kijkt, waarom ze niet verkopen?

7. Wat je volgend weekend kan doen

Op naar het weekend. In het weekend is er meer tijd om na te danken - iets waar HSPs van houden. Denk ook eens na over de tips die je al hebt gelezen in dit boek. Welke kan je gebruiken? Welke kan je veranderen op jouw eigen manier?

En nu, tijd voor extra tips. Laten we naar de supermarkt gaan plus wat tips zien voor hobby's.

Tip 48: Voor je naar de supermarkt gaat, maak een **lijst** van de boodschappen die je nodig hebt. De supermarkt kan overweldigend en desoriënterend zijn. Probeer genoeg te kopen, zodat je er niet te veel moet zijn. Ga er ook niet heen wanneer je honger hebt.

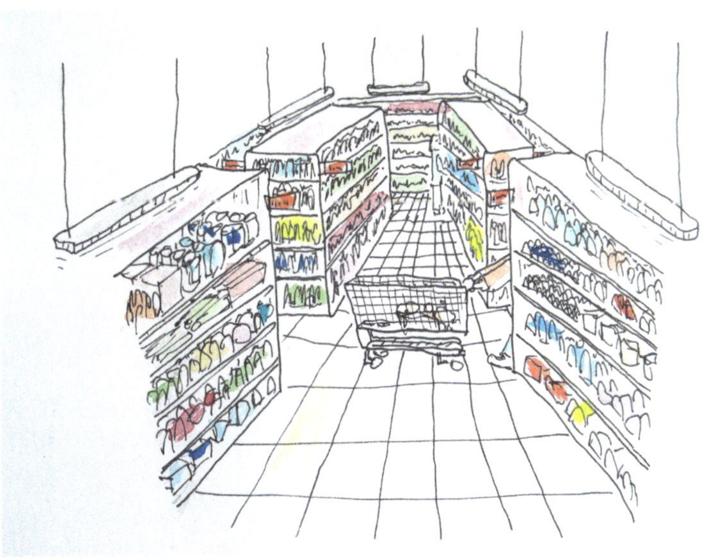

Tip 49: Welkom in de **supermarkt**. Een slechte akoestiek. Krioelende mensen zoals in een mierennest. Productver-

pakkingen die naar jouw aandacht smeken. Overal geluid - zelfs de koelkasten maken onaangename geluiden! Reden genoeg om je tijd in de supermarkt te begrenzen.

Tip 50: Kies je uren om naar de supermarkt te gaan. 's Ochtends vroeg of tegen de middag is er minder volk. Ga ook naar kleinere winkels en check of je **online** kunt shoppen bij je favoriete supermarkt. Zo hoef je enkel jouw eten af te halen. Geen files dus. Controleer ook of je supermarkt jouw producten bij jou thuis kan leveren.

Tip 51: Wat voor eten koop je best als HSP? De algemene richtlijnen zijn belangrijk voor iedereen, maar net iets belangrijker voor HSPs. Vermijd junk food en eet veel **groenten en fruit**.

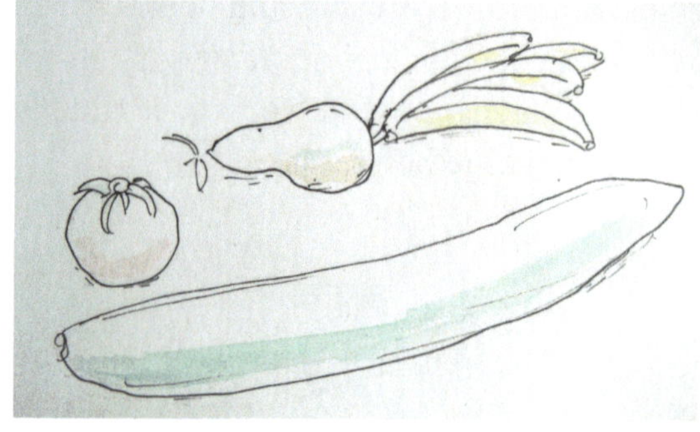

Tip 52: **Matig**. Af en toe eten in de McDonalds kan geen kwaad. Maar maak er geen gewoonte van.

Tip 53: Vermijd **kunstmatige suiker**. Suiker stimuleert. Omdat HSPs al voldoende worden gestimuleerd door hun omgeving, kan je gemakkelijk overstimuleerd worden. Kijk dus de verpakkingen na, je zal versteld staan van de hoeveelheden suiker in jouw eten.

Tip 54: Hou je van **chocolade**? Eet er niet te veel van. En zeker van de witte en bruine chocolade. Je kan slaapproblemen krijgen van te veel chocolade te eten.

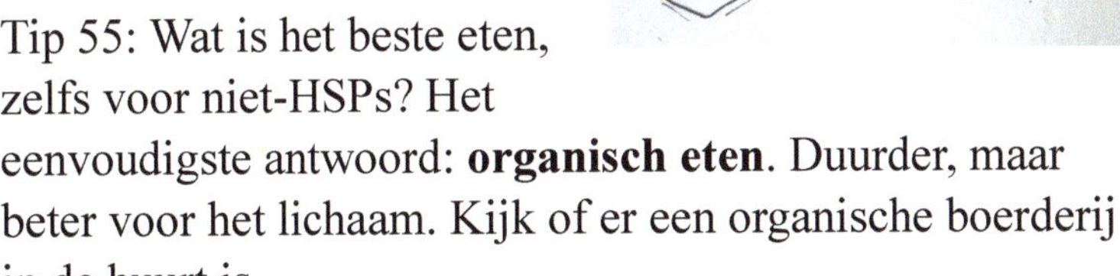

Tip 55: Wat is het beste eten, zelfs voor niet-HSPs? Het eenvoudigste antwoord: **organisch eten**. Duurder, maar beter voor het lichaam. Kijk of er een organische boerderij in de buurt is.

Tip 56: Wat is jouw favoriete drank? Vermijd dranken met **cafeïne**. Die stof werkt zoals suiker: als een lening. Je leent jouw toekomstige energie, en de cafeïne doet je geloven dat het je huidige energie is. Maar je betaalt interesten op die lening, en voor HSPs zijn de interesten hoger.

Als je verzot bent op koffie, koop decaf. En vermijd '**energiedrankjes**' zoals Red Bull, die bevatten enorm veel suiker en cafeïne. Geen nood aan overstimulatie. Sommige van die dranken hebben versies zonder suiker of cafeïne. Zoek ze op als je ze lekker vindt.

Tip 57: **Alcohol** werkt op dezelfde manier als suiker en cafeïne. Overstimulerend dus. Niet-HSPs hebben nood aan veel meer alcohol om hetzelfde te voelen als jou. Begrens je dus, drink water tussen twee glazen,

kies alcoholvrije bieren of bieren met weinig alcohol in. Akkoord, het is niet gemakkelijk om aan de groepsdruk te weerstaan. Maar misschien zijn er mensen jaloers op jou als jij wel 'neen' durft zeggen.

Tip 58: Terwijl we toch in de supermarkt staan, ga even naar de afdeling met de **kaarsen**. Koop kaarsen met een natuurlijk parfum voor als je een bad neemt. Of als je een gezellige avond door wil brengen bij jou thuis.

Tip 59: De laatste afdeling die je moet bezoeken: die van de gezondheid. Koop producten met **biologische ingrediënten**. Natuurlijke producten zijn beter voor je lichaam. Sommige HSPs kunnen niet praten met mensen die te veel artificieel parfum op hebben.

Tip 60: Zet al jouw aankopen op de juiste plaats eens je thuis bent gekomen. Zo vermijd je rommel. Laten we naar een paar **hobby's** kijken. Eerst tip: ga niet te ver van huis. Hoe dichter, hoe beter.

Tip 61: Een hobby die wel heel dicht bij huis is: **tuinieren**. Voor je tuin zorgen is een goede en verrijkende hobby, zelfs voor niet-HSPs.
Leg bijvoorbeeld een vijver aan. Als je geen tuin hebt, maar wel wil tuinieren, kijk eens of er gemeenschappelijke tuinen zijn die je kan gebruiken.

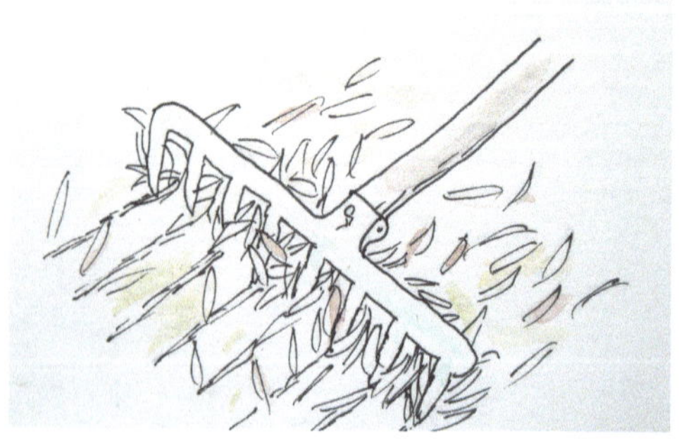

Tip 62: Ga je graag uit? Sommige HSPs houden ervan om naar aangename bars te gaan met mensen waarvan ze houden. Als je uitgaat, **regel je eigen transport**. Zo kan je terugkeren wanneer je maar wil.

Tip 63: Twijfel je tussen de **fitness** en een wandeling? Denk er even over na. Fitness betekent opwindende muziek, anderen die je bekijken, een paar oppervlakkige mensen, openingsuren die je niet mag vergeten, zweetgeuren en andere stimuli. Als je wandelt, ga je waarheen je wil in de natuur en de rust. Vergeet niet te stretchen na een lange wandeling. Als je kan, maak wandelingen een deel van je routine.

Als je van sporten houdt, weet dat HSPs liever **individuele sporten** beoefenen. Trekking, badminton, zwemmen, tennis… Voor een ploeg spelen kan interessant zijn. Maar beeld je in dat je een bal moet doorgeven terwijl meerdere tegenspelers jou proberen tegen te houden en jouw medespelers misschien niet blij zullen zijn als ze de bal niet krijgen. Je zal de eerste zijn om het op te merken. Moeilijk dus voor HSPs.

Geniet van de rest van het weekend en begin goed aan de volgende week.

8. Wat je kan doen tijdens de week

Terug in de weekroutine? Goed, laten we een paar ideeën vinden om over na te denken. Tijdens de pauze op het werk, 's avonds voor het inslapen, of gewoon wanneer je wil. Maar we beginnen bij een bezoek bij de dokter.

Tip 64: Je moet natuurlijk niet naar de dokter gaan. Maar heb je al eens je **allergies** nagekeken? Denk eraan tijdens je volgende bezoek. Je kan nagaan of er bepaalde ingrediënten zijn die je niet mag eten. Informeer ook je huisdokter dat je HSP bent.

Tip 65: Wanneer je dokter je medicamenten voorschrijft, en je voelt iets vreemds als je ze neemt, check of er **neveneffecten** zijn. Dat zal je geruststellen als je vaker naar het wc moet dan normaal.

Tip 66: Geen dokter nodig om je aan te raden om geen **drugs** te nemen. Doe het gewoon niet. HSPs zijn er gevoeliger voor, en het is tenslotte niet gezond.

Nu gaan we nadenken over sommige ideeën die jouw leven op lange termijn kunnen verbeteren. Verwacht dus geen onmiddellijke resultaten met de volgende tips.

Tip 67: Waar ga je als je overweldigd bent? Wanneer je slecht nieuws te verwerken krijgt, of een conflict hebt dat niet verlopen is zoals gepland? **Waar is jouw plekje**? Vind er één in jouw huis. Niet noodzakelijk een hele ruimte. Zet er een paar persoonlijke spullen. En neem de gewoonte om er regelmatig naar toe te gaan wanneer je het nodig hebt.

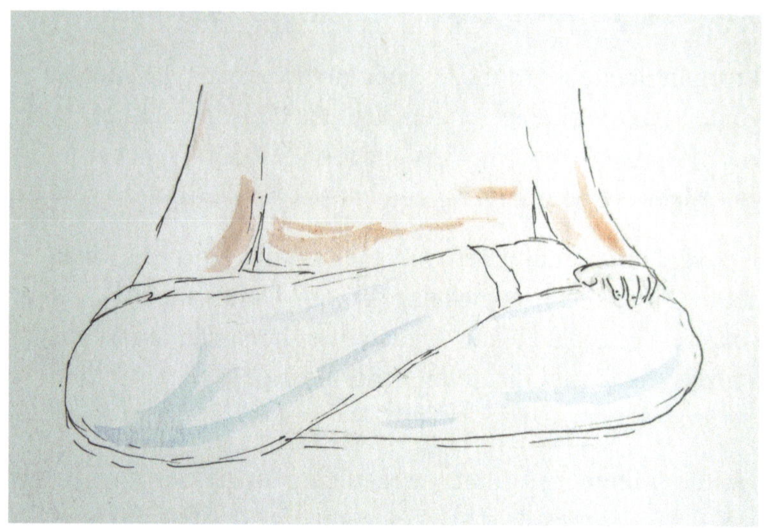

Tip 68: Hoe vind je rust? Vandaag zijn er een heleboel opties om je te **ontspannen**. Yoga, mindfulness en meditatie zijn maar een paar voorbeelden. Probeer meerdere opties om die te vinden die het best bij jou aansluit. Neem ze op in je routine. 's Ochtends of 's avonds, maakt niet uit.

Een belangrijk aspect van ontspanning is de **ademhaling**. Er zijn veel voordelen aan een goede ademhaling. Bijvoorbeeld minder stress. Veel mensen ademen via hun borstkas. Een veel betere optie is via de buik. Vind technieken op het internet, zoek op 'buikademhaling'. Dit kan ook een goed onderdeel van je routine zijn.

Tip 69: Hou je van **cinema**? Ga na wanneer het rustiger is.
En welke bioscopen rustiger zijn. En kom pas binnen wanneer de film begint. De reclamefilmpjes vooraf kunnen gemakkelijk overweldigen. Zo vermijd je ook irritante eetgeluiden en ritselende zakjes chips.

Tip 70: Hou je ervan een luchtje te scheppen? Bezoek dan
geregeld jouw **tuin**. Niet enkel voor de frisse lucht. Geluiden weerkaatsen er niet. De natuur is rond jou. Dus een
ideale plek voor HSPs. Misschien kan je er jouw ontspanning doen, zoals yoga. Als je geen tuin hebt, vind je best
een park in de buurt om uit te waaien.

Tip 71: Terwijl je in jouw tuin bent, heb je je al eens afgevraagd of je jouw **eigen eten** kan maken? Een eigen moestuin, zegt jou dat iets? Het is goed voor heel wat redenen.
Jouw routine in de eerste plaats. Je zorgt voor de natuur.
Het eten is gezonder. En je krijgt er extra voldoening door.

Denk er ook aan dat je sommige specerijen zelf kunt kweken.

Tip 72: Laatste tip van de week: wat denk je van **huisdieren**? Dieren zijn zoals planten: ze be- en veroordelen je niet. Maar toch hebben ze jouw zorgen nodig. Wat iets heel aangenaams is voor HSPs. Ze geven je compassie wanneer je het nodig hebt. Koop wel geen hond die blaft. En vergeet niet dat katten 's nachts vreemde geluiden kunnen maken. Koop dus een diertje naargelang jouw voorkeuren.

Dit is dus de lijst om over na te denken deze week:

- Heb ik een eigen plekje in m'n huis? Hoe voel ik er me?

- Welke ontspanningsmethodes heb ik al geprobeerd? Welke was de beste? Welke moet ik (opnieuw) proberen?

- Met welke ademhalingstechniek kan ik beginnen?

- Welke groenten, kruiden en fruit kan ik kweken? Welke eet ik het liefst?

- Zou ik een huisdier willen? Wat zijn de voor- en nadelen?

9. Wat je het weekend erna kan doen

Na de vele denkoefeningen in de vorige week is het weekend welgekomen. Tijd om te gaan shoppen. Vorig weekend gingen we naar de supermarkt. Dit weekend is het tijd om een doe-het-zelfwinkel en een decoratiewinkel binnen te stappen.

Aarzel niet om naar gespecialiseerde winkels te gaan. Daarna brengen we een bezoek aan de muziekwinkel. Maar eerst dus winkels waar we de volgende artikels kunnen kopen.

Tip 73: Koop **witte en ondoorzichtige vitragegordijnen**. De vitragegordijnen kan je gebruiken om je privacy te versterken, door ze aan de ramen te hangen waardoor onbekenden kunnen kijken. Koop ook gordijnen die geluid en licht absorberen, zodat je niet wakker licht van een volle maan. Wanneer het donker is, doe de gordijnen dicht. En vermijd jaloezieën, gezien die geluid produceren. Bijvoorbeeld als de wind waait.

Tip 74: Koop **muggenschermen**. Muggen houden heel wat HSPs wakker. Een muggenscherm op jouw raam en een gesloten deur kan ze buiten houden. Beter dan een spray vol chemische stoffen. Weet ook dat muggen de warmte opzoeken bij zonsondergang. Doe de deuren dicht op dat moment.

Misschien heb je er nog niet aan gedacht. Maar als HSP kan je jouw huis aangenamer maken voor jouw huisgenoten. Net als voor bezoekers. Doe het in de eerste plaats voor jezelf, maar weet dat anderen er ook van zullen genieten.

Tip 75: Koop **mooie posters**. Hang grote posters en schilderijen in jouw huis. Bij voorkeur die die natuurlijke schoonheid uitbeelden. Zoals een illustere waterval. Of een zicht op besneeuwde bergen, of een Mediterraanse zonsondergang. Die zichten kunnen een kalmerend effect hebben. Maar overdrijf natuurlijk niet. Je kan ook posters hangen op het werk.

Tip 76: Heb je al nagedacht over het effect van de **kleuren van jouw muren** in jouw huis? Kleuren kunnen jouw humeur beïnvloeden, net als jouw stressniveau. Fluoresceren-

de kleuren veroorzaken net als rood, geel en oranje onnodige emoties. Vermijd ze dus. Kijk op het internet welke rustgevende kleuren je mooi vindt voor verf te gaan kopen. Weet ook dat van kamer veranderen tot energieverlies kan lijden voor HSPs, zorg er dus voor dat de kleuren in harmonie zijn met elkaar.

Tip 77: Koop **tapijten**. Geen lelijke, maar mooie die bij jouw interieur passen. Tapijten absorberen geluid. En decibels verminderen is één van de dingen die HSPs moeten proberen. Bovendien stopt geluid niet als het een muur tegenkomt. Licht wel, en daarom vervuilt geluid soms meer dan licht.

Tip 78: Zet overal planten. **Planten** zijn voor HSPs gemaakt. Ze zuiveren de lucht. Ze brengen rust. Ze veroordelen niemand en maken jouw huis aangenamer. Ze hebben zorg nodig en geven jou een routine. Overdrijf niet met de planten. Straks moet je een schema bijhouden van welke plant wanneer water nodig heeft. En vermijd plastieken planten.

Tip 79: Als je gevoelig bent voor het geluid dat een **kussen** maakt 's avonds terwijl je inslaapt, weet dat sommige kussens geluid maken. Je kan nieuwe kussens kopen. Plaats je hoofd op de kussens in de winkel voor ze te kopen om te testen of ze goed voor jou zijn.

Tip 80: We zijn bijna klaar met de decoratiewinkel en de doe-het-zelfproducten. Een laatste product: **kranen** die niet druppelen. Het geluid van de druppels kan onaangenaam zijn voor HSPs. Plus, het is verspilling. Dus leer hoe je die

kranen kan repareren, of koop kranen die niet druppelen.
Of iets dat de druppels geluidloos opvangt.

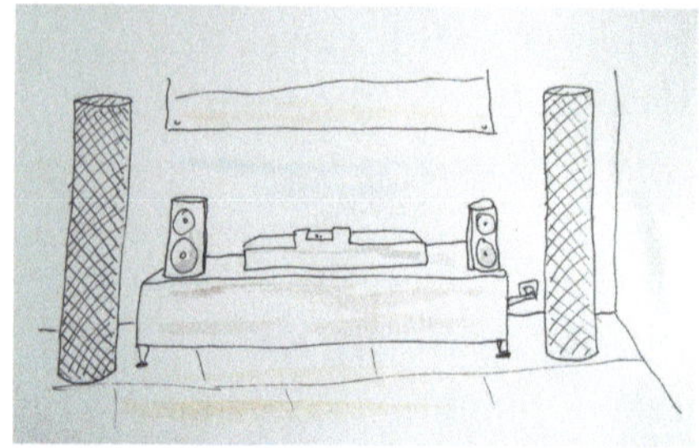

Tip 81: Volgende winkel: de muziekwinkel. Wanneer je rillingen voelt in je rug terwijl je naar je favoriete muziek luistert, is dat een typisch HSP-moment. Voor niet-HSPs is dit heel moeilijk te voelen. Geniet er dus van en koop een **hifi-installatie** voor optimaal van de rillingen te genieten.

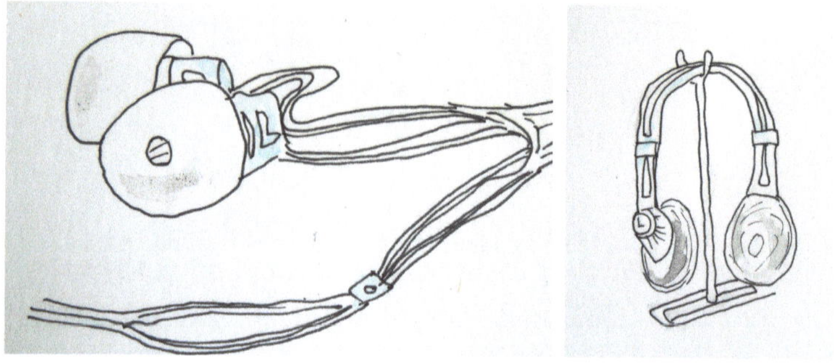

Tip 82: Koop ook een **koptelefoon** van hoge kwaliteit en **oordopjes**. De koptelefoon is altijd handig wanneer je niet dezelfde muzieksmaak deelt met je huisgenoten of buren.

Oordopjes zijn altijd handig om achtergrondgeluid te neutraliseren. Je kan altijd gepersonaliseerde oordopjes laten maken in een speciaalzaak.

Dat is alles voor het weekend.

10. Wat je in de tweede week kan doen

Het weekend zit erop. Tijd om na te denken dus. Laten we nog een paar ideetjes zien om je huis te verbeteren.

Tip 83: Hoe kan je jouw **creatieve talenten** gebruiken om je huis mooier te maken? HSPs hebben de neiging om zeer creatief te zijn en veel ver-beelding te heb-ben. Als je van schilderen houdt, hang je schilderij-en in jouw huis. Fotograaf? Print ze en hang ze in jouw huis. Veel artiesten zijn HSPs. Dus waar-om geen kunst maken thuis, zon-der dat er iemand kijkt? Het is ook een goede manier om je emoties te uiten.

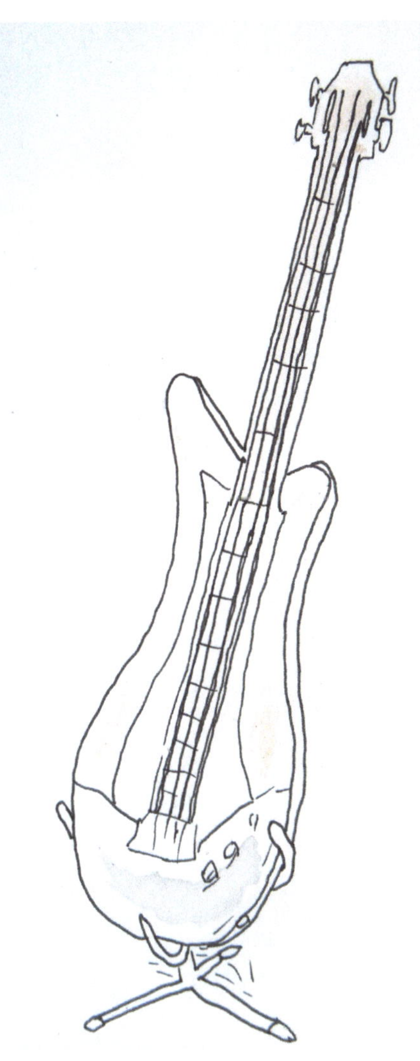

Tip 84: Een andere manier om zich te uiten is door **muziek te spelen**. Kies elektrische instrumenten. Zo zullen ze minder luid zijn, maar luistert er ook niemand mee terwijl je aan het leren bent.

Tip 85: **Decoreer** jouw huis. Gebruik objecten die je graag aanraakt. Of objecten die voor jou een speciale betekenis hebben. Of die mooi om te zien zijn. Of die geluid absorberen. Een boekenkast gevuld met interessante boeken is een goed idee.

Tip 86: Heb je grote kamers, kale muren en een harde vloer? In die ruimtes kan er **echo's** kunnen ontstaan. Alle geluiden reproduceren zich omdat ze niet geabsorbeerd zijn. Denk eraan wanneer je jouw huis decoreert.

Zet bijvoorbeeld grote meubels in grote ruimtes. Grote ruimtes trekken ook veel volk aan als je gasten hebt. Veel volk op dezelfde plek is ook iets dat HSPs niet echt graag hebben.

Tip 87: Heb je plaats om je collecties te tonen, zoals je boeken? HSPs houden van dingen te verzamelen. Geef genoeg plaats aan je **verzamelingen**.

Laten we zien hoe jouw **werk en huis** aan elkaar verbonden zijn. Werk maakt heel wat HSPs oncomfortabel. Dat is normaal. Collega's maken geluid. Doen aan bureaupolitiek. Wisselen geruchten uit. En het ergste van alles is dat HSPs alles opnemen. Thuis is er geen plaats voor zulke problemen.

Tip 88: Probeer **van huis uit te werken**. Voor HSPs is het een privilege om thuis te werken. Geen collega's die je observeren. Geen woon-werkverkeer. Geen files. Geen bureaus vol met mensen. Zelfs al is het maar één dag per week, bijvoorbeeld via telewerk, kan dat je al helpen.

Tip 89: Nog beter dan van huis uit te werken is **voltijds thuis** te werken. Veel beroepen kan je thuis doen. Vertalers. Therapeuten. Designers. Je kan het combineren met een part-time job buitenshuis. Zorg ervoor dat waar je thuis werkt het aangenaam is.

Tip 90: Als je niet thuis kunt werken, is het belangrijk dat je **dicht bij huis** werkt. Woon-werkverkeer is niet goed voor HSPs. Vooral als het een lang en/of druk traject is. Er is een gebrek aan controle - zal de bus er op tijd zijn? Zullen er veel anderen op de trein zijn? En omdat niemand graag naar het werk gaat. Wat HSPs kunnen voelen.

Tip 91: **Smartphone of klassieke gsm**? De smartphone heeft toegang tot het internet, neemt degelijke foto's en heeft veel apps. Maar de batterijen houden het niet lang vol, ze zijn duur, gaan minder dan 2 jaar mee en breken gemak-kelijk.

Met de gsm is er geen risico voor hackers, moet je geen wifi hebben, krijg je geen werkmails, heb je meer echte ge-sprekken en minder virtuele, vooral als je uitgaat. Kies er dus één uit die het best bij jou past.

Laten we een paar vragen proberen te beantwoorden deze week:

- Wat zijn mijn hobby's? Tekenen? Schrijven? Schilderen? Wat kan ik thuis gebruiken?

- Welk instrument wil ik bespelen? Welke liedjes wil ik spelen?

- Welke decoratiewinkel is mijn favoriet? Welke type decoraties vind ik fijn? Is er genoeg plaats voor die decoraties?

- Welk deel van mijn werk kan ik thuis doen? Wanneer kan ik erover spreken met mijn baas? Kan ik deeltijds werken? Van welk werk hou ik? Welk werk kan ik deeltijds thuis doen?

- Heb ik echt mijn smartphone nodig? Wat verlies ik met een klassieke gsm?

11. Wat je erna kan doen

Laten we een paar tips zien die je kunt gebruiken op het goede moment. Niet noodzakelijk deze week of die erna. Een eerste voorbeeld: de seizoenen.

Tip 92: De verschillende **seizoenen** hebben verschillende gevolgen. Men kan van de rust genieten als het sneeuwt. In de lente kan men veel meer geuren ruiken. En in de herfst kan je de mooie kleuren van de bladeren bekijken. Pas je gedrag aan: wandel trager wanneer het te warm wordt. Maak wandelingen in de winter. Eet buiten als het warmer is: het is er aangenamer dan binnen.

Tip 93: Wanneer de seizoenen wisselen, zijn HSPs nog **kwetsbaarder**. Hetzelfde voor plotse temperatuurschommelingen. Neem genoeg extra vitamines in het begin van de winter.

Tip 94: Wisselende seizoenen hoeven niet negatief te zijn. Gebruik ze om je huis opnieuw te **decoreren**. Bijvoorbeeld een kerstboom in december.

Tip 95: Hou je van **reizen**? Neem genoeg tijd om uit te rusten. Jouw routine zal worden doorbroken. Je ziet andere plaatsen, wat je nog meer kan prikkelen. Een jetlag kan een extra uitdaging vormen voor HSPs. Bereid je goed voor op je reis. Een extra rustdag net na de reis inplannen is geen slecht idee, zeker als je ver reist.

Op het vliegtuig reserveer je best het zitje **aan het raam**. Minder passagiers die net naast jou passeren. Plus, een raam om naar buiten te kijken. En je kan je hoofd tegen de wand plaatsen.

Tip 96: In of uit de **mode**? Interessante vraag. Goede kleren vinden kan voldoening geven. Veel HSPs werken in de modesector dankzij hun smaak en omdat ze nieuwe trends vlot ontdekken. Andere HSPs haten shoppen. De luide muziek en vaak van winkel veranderen zijn niet gemaakt voor HSPs.

Tip 97: Wanneer je kleren koopt, vermijd stoffen die niet comfortabel zijn, zoals **polyester**. Dat kan je overmatig laten zweten.

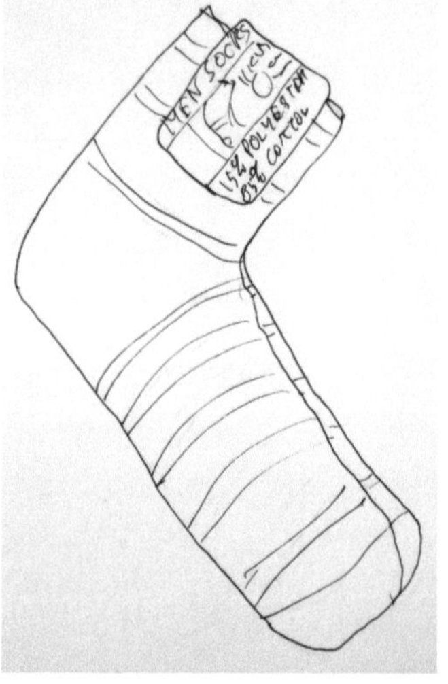

Tip 98: Kies je **uren** wanneer je gaat winkelen. En probeer dat te doen wanneer je geen kleren nodig hebt, om druk te vermijden.

Tip 99: Gevoelig voor **etiketten**? Normaal en typisch HSP. Als ze jou hinderen, knip ze er gewoon uit.

Tip 100: Ga je vaak naar de **kapper**? Vermijd de

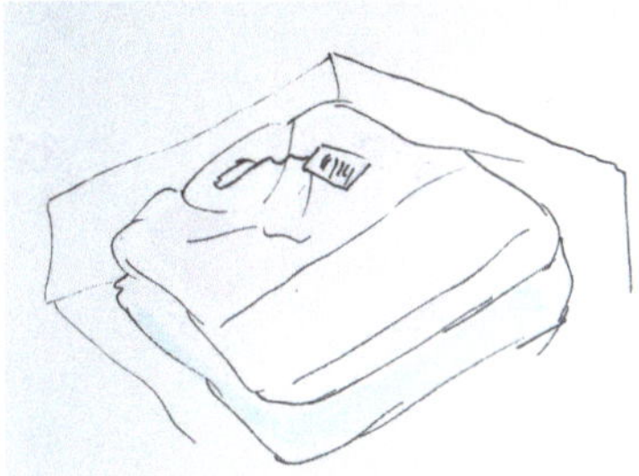

drukke uren. Vraag naar een plek dichtbij natuurlijk licht. Andere klanten, luide muziek en de vele spiegels kunnen vermoeiend zijn. Of vraag gewoon aan een kapper om bij jou thuis te komen knippen.

Een paar vragen om over na te denken:

- Welk effect hebben de seizoenen op mij? Pas ik mij voldoende aan? Waar geniet ik van tijdens de verschillende seizoenen?

- Van welk type vakantie houd ik? Wil ik liever thuis blijven? Of ver reizen? Rust ik genoeg tijdens mijn vakanties?

- Hou ik van de kleren die ik koop? Ben ik gevoelig voor bepaalde materialen? Hoe voel ik me na het winkelen? Welke winkels waren aangenamer?

Zo. Dat was het voor de 100 tips. Vind nog wat meer inspiratie in de bonusdelen.

Bonus deel 1: Hoe je huis kiezen

Iedereen wil het best mogelijke huis voor de laagste prijs. Toch is een huis vinden voor HSPs niet zo simpel. Wanneer je een huis zoekt, let dan op de volgende tips.

Tip 1: De **omgeving** is belangrijk. Dicht bij een drukke straat? Naast een huis in verbouwing? Treinen en trams naast de deur? Een voetbalstadion of ziekenhuis in de buurt? Allemaal slechte tekens. Probeer een huis te vinden dicht bij de natuur. Een meer, rivier, kalm park of zelfs een fontein kan rustgevend zijn in jouw dagelijkse leven.

Tip 2: Voor te kiezen voor een bepaalde plek, **praat met de buren**. Ze kunnen jou vertellen hoe de buurt is. Als je ziet dat de bovenburen van een appartement in naaldhakken rondwandelen en twee feestjes per week organiseren, dan weet je hoe laat het is.

Goede relaties met de buren zijn altijd handig. Zeker als je twijfelt of je met hen kan praten mocht er een conflict zijn. Voor jouw keuze voor jouw huis, ga een paar keer langs in de buurt op verschillende tijdstippen om te luisteren of er veel **geluiden** zijn.

Tip 3: Als je een **huis deelt**, is het zeer belangrijk om je goed te voelen met je huisgenoten. Vraag hen zaken die belangrijk zijn voor jou voordat je bij hen intrekt.

Tip 4: **Stad of platteland**? In de stad is er meer te doen. Maar er is meer rust op het platteland. Waar vaker geroddeld wordt. Vind een plek waar je je thuis voelt.

Tip 5: Controleer of je huis **dubbele beglazing** heeft. Die vensters houden de warmte binnen in de winter en de warmte buiten in de zomer. Een constante temperatuur is het best voor HSPs.

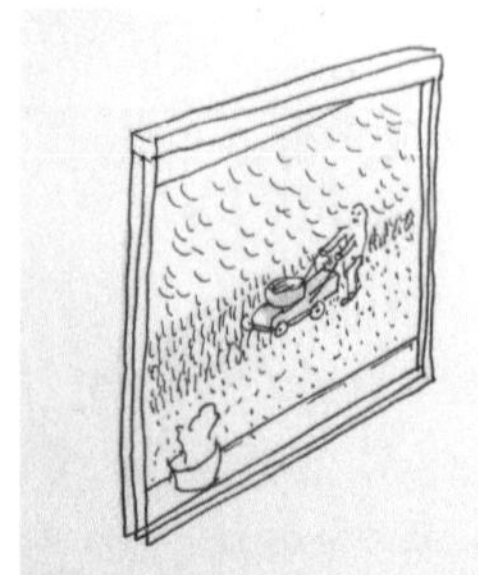

Vensters met **driedubbele beglazing** zijn duurder, maar misschien net dat tikkeltje beter dan de dubbele beglazing. Zeker wat het geluid betreft. Voor je driedubbele beglazing laat zetten, check de isolatie van jouw muren. Als de koude binnenkomt via de muren, moet je geen driedubbele beglazing laten zetten.

Tip 6: Kies een radiator of airco die **een minimum aan geluid** produceren. Hetzelfde voor draagbare radiators. Een extra pull kan ook wonderen doen.

Tip 7: Kies een huis met **ramen** die groot genoeg zijn, zodat er veel natuurlijk licht binnenkomt.

Tip 8: Koude voeten zorgen voor verkoudheden. Vergeet niet kousen te dragen. Of investeer in **vloerverwarming** als je het kan.

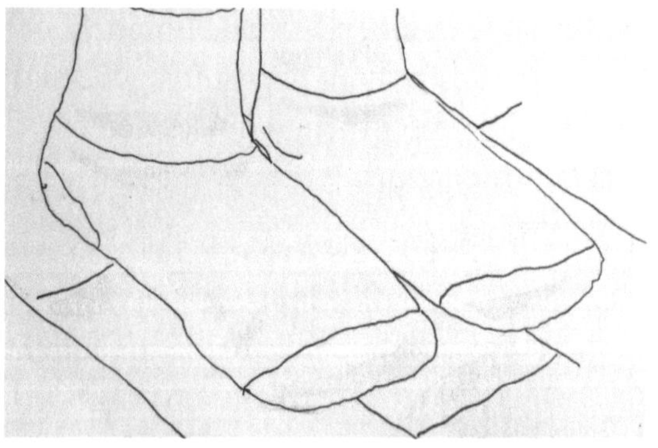

Een paar vragen om over na te denken:

- In welke buurt wil ik wonen? Waar woon ik graag? Hoe zijn mijn buren?

- Waarop moet ik letten als ik een nieuw huis zoek? Hoe kan ik me voorbereiden? Wat zijn mijn voornaamste voorwaarden? Hoe kan ik de buurt controleren voor er te gaan wonen?

- Welke grote veranderingen heb ik altijd willen doen in mijn huis? Hoeveel kosten die? Hoe gaan die veranderingen mijn leven verbeteren?

Bonus deel 2: Kinderen in huis

Kinderen kunnen een nachtmerrie zijn voor HSPs. En voor anderen een droom. En voor de meesten iets tussen de twee. Kinderen hebben nog niet geleerd om over anderen te oordelen en zijn gemakkelijk om een connectie mee te vinden. Ze hebben ook nog niet geleerd om oppervlakkig te zijn, iets waar HSPs niet erg van houden.

Maar HSPs hebben ook moeilijkheden om huilende baby's te verzorgen. Of kinderen die in alle richtingen lopen. Het gebrek aan controle is moeilijk. Toch zijn HSPs meestal goede ouders. Ze kunnen bijvoorbeeld 'meevoelen' met hun kinderen en hun noden beter begrijpen. Laten we een paar tips voor kinderen zien.

Tip 1: **Vergeet jezelf niet**. Kinderen weerspiegelen hun ouders. Daarom moet je eerst jezelf goed verzorgen. Bijvoorbeeld met de tips in dit boek. Als je jezelf niet aanvaardt, zullen jouw kinderen moeite hebben om zichzelf te aanvaarden. Probeer dus een goede ouder te zijn in plaats van elk nood van je kind in te willigen.

Tip 2: Wanneer je **tijd voor jezelf** nodig hebt, leg het uit aan je kinderen. Als ze begrijpen dat jij tijd nodig hebt, zullen ze begrijpen dat ze ook tijd voor zichzelf nodig hebben. Hetzelfde geldt voor respect. Hoe vroeger ze het leren, hoe beter.

Tip 3: Wat doe je met een **huilende baby**? Baby's kunnen in een speciale positie worden gehouden die lijkt op de positie in de baarmoeder. Hou ze in die positie zodat ze niet meer huilen. Zoek op Google met de zoektermen 'huilende baby truc' en vind meer informatie en video's om je te helpen.

Tip 4: Koop niet **te veel boeken**. Veel HSPs kopen te veel boeken om hun kinderen op te voeden. Soms spreken ze zich tegen. Dit kan je doen twijfelen, en HSPs twijfelen al genoeg zo.

Tip 5: Ga na wanneer de **drukste momenten** zijn. Meestal is dat 's morgens voor naar school te gaan en net voor het avondeten. Bereid je voor en denk na hoe je die situaties kan verbeteren. Bijvoorbeeld door je kinderen hetzelfde spel te laten spelen net voor het avondeten. Of door oordoppen bij de hand te hebben.

Tip 6: Laat je kinderen zo veel mogelijk in de **tuin**. Of in het park. Binnen is het gemakkelijker om conflicten te krijgen.

Tip 7: **Begrens hun toegang tot hun speelgoed**. Geef hen niet altijd al hun speelgoed. Zo zal er minder rommel zijn en moet er minder opgeruimd worden. Begrens ook de plekken waar ze mogen spelen.

Tip 8: Begin regelmatig een grotere activiteit met **één regel of begrenzing**. Bijvoorbeeld: verstoppertje maar niet in de keuken. Of: met de poppen spelen maar niet in de zetel. Of: één uur televisie. Het idee is om jouw autoriteit te laten gelden, wat moeilijk kan zijn voor HSPs.

Als jouw kinderen de regel of begrenzing niet respecteren, geef ze een waarschuwing. Normaal zal één waarschuwing genoeg zijn. Daarna zullen de kinderen het gemakkelijker hebben om jouw regels te volgen. Wat jouw leven als een ouder zal vergemakkelijken.

Tip 9: Koop nooit **luid speelgoed**. Kinderen kunnen ook met speelgoed spelen dat geen geluid maakt. Koop ook geen batterijen voor speelgoed. Dat zorgt voor meer geluid.

Tip 10: **Betrek je kinderen** in de activiteiten in en rond het huis. Als je vermoedt dat ze HSP zijn, betrek hen in 'typische HSP'-activiteiten. Zoals schilderen. Of koken. Als ze het niet zijn, vergeet niet hen activiteiten te laten doen die ze graag hebben. Maar vergeet ook jouw grenzen niet.

Tip 11: Voor te slapen, laat jouw kinderen **één iets kiezen dat ze goed hebben gedaan** overdag. Ze zullen beter slapen, en jij kan ook iets goeds aan hen zeggen.

Denk na over de volgende zaken:

- Aanvaarden ze dat ik tijd nodig heb voor mezelf? Kan ik erover praten? Hebben ze respect voor wie ik ben? Heb ik genoeg tijd voor mezelf? Hoe kan ik meer tijd krijgen als ik het nodig heb?

- Kan ik mijn emoties op de juiste manier aan mijn kinderen tonen?

- Hoe geniet ik van mijn kinderen? Hoe kan ik meer genieten? Welke leuke activiteiten kunnen we samen doen?

Om af te sluiten: vergeet niet alle andere tips van dit boek te gebruiken. Oordopjes verrichten wonderen. Maar het is gemakkelijk om ze te vergeten wanneer de kinderen wenen.

Bonus deel 3: interessante links

Elaine Aron, één van de beroemdste HSP-wetenschappers, heeft een test voor HSPs gemaakt (in het Engels):

- hsperson.com

- hsperson.com/test

Andere tips en podcasts (in het Engels):

- highlysensitivepeople.com

- highlysensitiveperson.net

- highlysensitive.org

- Een interessante website met meerdere links. sensitiveperson.com

En hier zijn mijn links (in het Engels):

- Mijn website met meer tips en inspiratiebronnen: high-sensitivepersons.blogspot.com

- Mijn YouTubekanaal: met video's en nog meer tips: youtube.com/c/HighlySensitivePersons

- Mijn online cursus: een videocursus over verschillende aspecten voor te leven als HSP: udemy.com/highly-sensitive-persons-how-to-deal-with-your-sensitivity/?couponCode=BOOK-CODE23

- Mijn boeken: een verzameling van mijn gepubliceerde boeken: amazon.com/Alain-de-Raymond/e/B01IFYNG-M6

- Mijn Facebookpagina: facebook.com/highlysensitivepersons

Nederlandstalige links:

- hooggevoelig.nl

- Hooggevoeligvlaanderen.be

- hoog-gevoelig.be

Het laatste woord - over de auteur

We zijn op het einde van het boek beland. Hopelijk vond je veel tips nuttig en gebruik je die in je dagelijkse leven.

Alain de Raymond ontdekte zijn hooggevoeligheid per toeval, toen hij een boek van Elaine Aron ontleende in de lokale bibliotheek. Het gaf hem de inspiratie om zijn kennis te delen in dit boek, via video's en een online cursus. Zijn doel is om mensen zichzelf te laten ontdekken en om mensen individueel te laten groeien.

Hij houdt van talen, tekenen, muziek en vele kunstvormen. Hij heeft de tekeningen van dit boek getekend.

Behalve hooggevoelig te zijn, houdt hij van economie, politiek en alle processen die onze maatschappij vormgeven. Hij werkte in de communicatiesector en heeft 3 diploma's: in de journalistiek, de internationale politiek en in management.